KARL ROBERT

LE FUSAIN

SANS MAITRE

TRAITÉ PRATIQUE ET COMPLET

SUR

L'ÉTUDE DU PAYSAGE AU FUSAIN

SUIVI DE LEÇONS ÉCRITES

AVEC PLANCHES REPRODUITES PAR L'HÉLIOGRAVURE

De la Maison GOUPIL & Cie

D'APRÈS

ALLONGÉ

PRIX : 6 FRANCS

PARIS

GEORGES MEUSNIER, ÉDITEUR

27, RUE NEUVE-SAINT-AUGUSTIN

1874

LE FUSAIN

SANS MAITRE

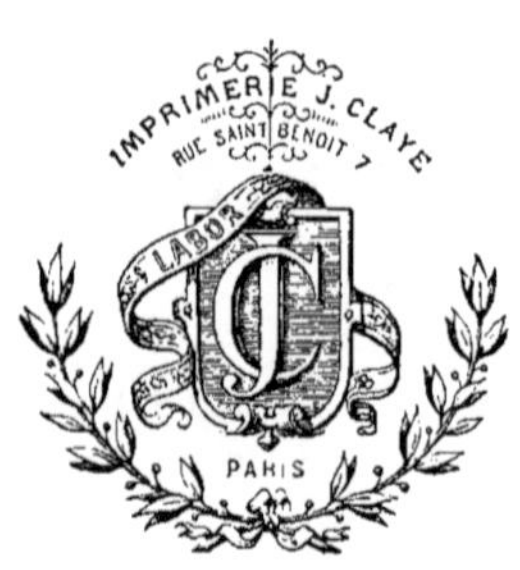
IMPRIMERIE J. CLAYE
RUE SAINT BENOIT 7
LABOR
PARIS

Pl. III

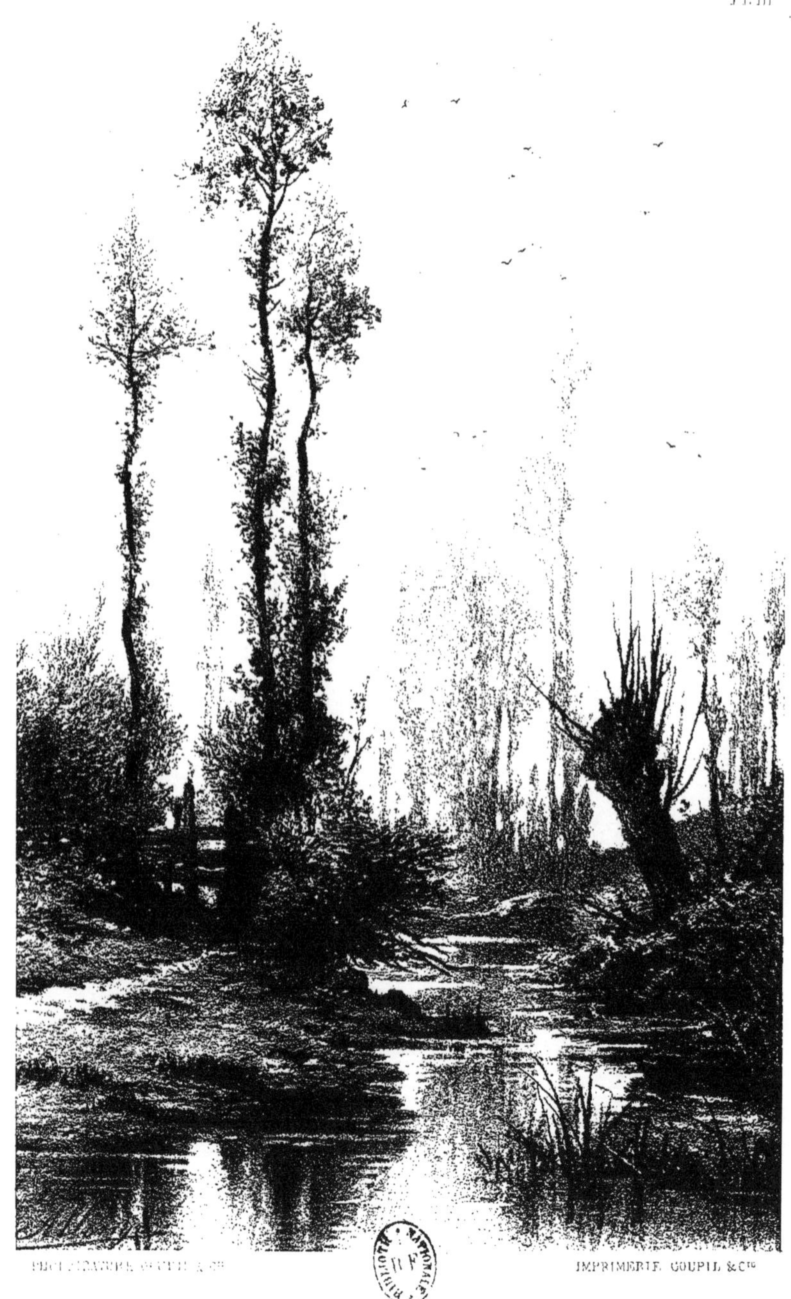

PHOTOGRAVURE GOUPIL & Cie IMPRIMERIE GOUPIL & Cie

KARL ROBERT

LE FUSAIN

SANS MAITRE

TRAITÉ PRATIQUE ET COMPLET

SUR

L'ÉTUDE DU PAYSAGE AU FUSAIN

PARIS

GEORGES MEUSNIER, ÉDITEUR

27, RUE NEUVE-SAINT-AUGUSTIN

1874

A MON CHER MAITRE

A. ALLONGÉ

SON BIEN AFFECTIONNÉ,

KARL ROBERT.

AVANT-PROPOS

Le dessin au fusain est assurément le plus commode et le plus agréable pour les artistes, et surtout pour les amateurs qui désirent rapporter d'un voyage ou d'une excursion quelques souvenirs des impressions que leur ont produits les sites qu'ils ont parcourus, ou des effets si nombreux que la nature leur a présentés. Et ce moyen, qui ne remonte pas à plus de quelques années, a justement charmé le public, parce que, tout en n'exigeant pas de longues études, il permet à chacun d'arriver à un résultat prompt et satisfaisant. Aussi nous avons pensé qu'il pourrait être utile aux amateurs d'avoir un traité pratique sur les différentes manières d'exécuter ce nouveau genre de dessin. Déjà plusieurs brochures fort intéressantes, écrites sur ce sujet, ont initié le public à cette manière d'interpréter la nature. Mais la plupart de ces ouvrages, ou incomplets, ou envisageant le sujet au point de vue de la manière de faire d'un seul artiste, qui en est l'auteur, manque souvent des explications les plus simples, et qu'on croit toujours y trouver; ce qui tient, selon nous, non au défaut de savoir de l'auteur, mais bien au contraire à ce qu'étant artiste, et passé maître, il ne se rend pas compte des difficultés qu'éprouvent les commençants. D'ailleurs, peu d'artistes consentiraient à entreprendre un travail qui, pour être réellement utile, doit être essentiellement pratique et terre-à-terre. Aussi, dans le traité que nous vous soumettons, vous pouvez voir que nous avons fait tous nos efforts pour être aussi clair que possible; nous n'avons pas craint d'entrer dans les moindres détails, au risque d'être taxé parfois de puérilité, car nous sommes convaincu, et cela par suite de nos fréquents rapports avec les amateurs, que ce sont toujours les renseignements qu'on ne songe pas à donner, tant l'objet de ces renseignements paraît simple, qui font le plus défaut à celui qui veut se livrer, seul et sans maître, à une étude quelle qu'elle soit.

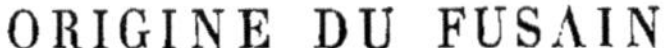

ORIGINE DU FUSAIN

ORIGINE DU FUSAIN

DU FUSAIN APPLIQUÉ A LA FIGURE

Il ne paraît pas, d'après l'examen des cartons du Musée du Louvre, que les anciens peintres aient connu ni employé le fusain. L'honneur en revient donc aux modernes, et, du reste, comme nous vous le dirons plus loin, la fabrication du fusain ne remontant pas très-haut, cela n'a rien qui doive nous surprendre.

La première application du fusain a été la figure. Quelques peintres s'en servirent d'abord pour faire leurs compositions. L'École l'admit tout à fait pour l'esquisse de l'académie, et peu à peu quelques artistes poussèrent, au fusain, leurs dessins plus loin que l'esquisse, et voyant que ce crayon nouveau donnait à l'œuvre un plus grand caractère que ceux jusqu'alors employés, ils l'adoptèrent pour exécuter entièrement leur travail.

L'essor définitif du fusain date de 1847 et 1848, époque à laquelle un de nos plus grands peintres d'histoire, A. Yvon[1], livra au public ses premières études, où, à l'aide du fusain parfois rehaussé d'aquarelle et d'huile, il était arrivé à obtenir des

1. Adolphe Yvon, peintre français, né à Eschviller (Moselle), en 1817, élève de Paul Delaroche, fit, en 1843, un voyage en Russie, d'où il rapporta une série d'études qui lui servirent à faire les beaux dessins qui figurèrent à l'Exposition de 1847 et à celle de 1848. Il donna ensuite *la Bataille de Koulikowo*, en 1850; *le Maréchal Ney soutenant l'arrière-garde* (retraite de Russie), en 1855; *les Sept péchés capitaux*, également en 1855; *la Prise de Malakoff* (1857); *la Gorge de Malakoff* (1858); *la Courtine de Malakoff* (1859); enfin *l'Indépendance des États-Unis d'Amérique* (1870). Ce dernier tableau, très-discuté, n'en reste pas moins une grande page d'histoire, où l'on retrouve l'empreinte d'un mâle talent allié à une composition savante. M. A. Yvon a obtenu une première médaille en 1848, une deuxième médaille en 1855, la grande médaille d'honneur en 1857, deuxième médaille à l'Exposition universelle de 1866. Nommé chevalier de la Légion d'honneur en 1855, il a été promu au grade d'officier en 1867.

effets saisissants et véritablement dramatiques, qui d'emblée le placèrent au premier rang des artistes modernes. Le Musée du Havre possède un ensemble de ses plus belles compositions, *les Sept Péchés capitaux*. Plus tard, il excella dans ce genre à reproduire des souvenirs de Russie, où il exécuta d'après nature une série d'études qui aujourd'hui ont atteint une grande valeur, et prouva par quelques compositions faites pour illustrer des ouvrages d'art ou d'histoire (notamment l'histoire de Russie) que ce genre de dessin était appelé à remplacer, même dans l'industrie, presque tous les procédés employés jusqu'alors, à cause de sa merveilleuse aptitude à rendre pleines d'effet des scènes militaires ou historiques.

De nos jours, cette voie fut suivie par les peintres de genre, et en première ligne nous signalerons E. Bayard, dont les souvenirs de notre année fatale, 1870-71, et les charmantes compositions, *Avant* et *Après la guerre*, ont établi la réputation. M. Gelibert l'emploie également avec succès et donne ainsi à ses animaux et sujets de chasse une originalité nouvelle.

Les peintres verriers s'en servent depuis longtemps pour leurs cartons ou modèles de verrières, à cause de la facilité que leur offre le fusain pour traiter rapidement les ombres des draperies ou de l'architecture, mais les contours sont toujours tracés au crayon noir ou pierre d'Italie, ce qui leur donne une certaine sécheresse.

En résumé, les noms que nous venons de citer attestent que le fusain se prête aisément à toute reproduction artistique et qu'il peut aborder le grand art aussi bien que la fantaisie. Mais il excelle surtout dans le paysage, ainsi que nous allons essayer de le démontrer, et c'est pour cela qu'il a pris une extension très-grande et s'est répandu rapidement dans le monde des amateurs.

DU FUSAIN APPLIQUÉ AU PAYSAGE

ALLONGÉ, APPIAN, BELLEL, LALANNE, REYÉ.

Aussitôt que l'élan fut donné au fusain, les paysagistes en tirèrent un parti précieux. Du reste, Decamps s'en était servi, lui avait livré ces belles inspirations et ce caractère sévère qui firent tant d'impression dans le monde artistique. Troyon, Paul Huet, etc., etc., le suivirent dans cette voie, et de nos jours il n'est pas un paysagiste qui ne mette quelques bâtons de fusain dans son bagage de travail lorsqu'il part en excursion. — Il devait en être ainsi. Ce moyen de rendre en quelques minutes un site, un effet, devait charmer le paysagiste, qui pouvait ainsi rapporter, même d'un court voyage, une quantité de motifs variés portant toujours le cachet de nature. Ce procédé nouveau devait aussi faire progresser l'artiste et lui donner une variété dans ses œuvres que n'ont jamais pu obtenir ceux qui ne s'en sont point servis.

Ce n'est pas que nous voulions dire par là que le fusain doive jamais prendre la place de la peinture, mais il doit être l'étude préalable, et nous pouvons affirmer que quiconque s'en servira fortifiera son talent.

Quant à la supériorité du fusain sur tous les autres moyens, hormis la peinture, bien entendu, je n'entreprendrai point de la démontrer, M. Allongé, dans son livre, qui peut être considéré comme « l'esthétique du fusain, » le fait d'une manière évidente au point de vue de l'interprétation large de la nature, et il affirme toute sa valeur dans la comparaison de ce genre avec l'emploi de la mine de plomb, ce vieux moyen maigre et pénible pour rendre même le plus petit effet.

D'ailleurs il suffit, pour se rendre compte des ressources sans nombre qu'offre ce procédé, de regarder les œuvres des maîtres qui l'ont perfectionné et de les étudier avec soin. MM. Allongé, Appian, Bellel, Lalanne, tous quatre avec une manière de faire toute différente, sont arrivés au résultat le plus complet. Bellel, le plus ancien, semble celui qui a fait le moins de concessions au goût moderne. Ses compositions, belles et sévères, procèdent évidemment des classiques. On ne sent là qu'une innovation dans la matière employée, le mode d'emploi reste le même, le crayon noir rendrait le même effet. Les autres maîtres, au contraire, ont changé l'allure générale, si je puis m'exprimer ainsi, de leurs œuvres; si la matière est nouvelle, la manière de faire l'est aussi. Et tous ces moyens fantaisistes de travailler le fusain sont certainement la cause de la grande variété qu'on y trouve.

Appian, de Lyon[1], joint la figure au paysage avec une harmonie remarquable. Chacun peut en juger au Musée du Luxembourg où fut placée, il y a quelques années, une de ses plus belles composi-

1. Adolphe Appian, né à Lyon, élève de l'École des beaux-arts de cette ville et de MM. Corot et Daubigny, exposa pour la première fois un fusain en 1855, et fut bien remarqué du public. Il envoya successivement un fort beau fusain des bords de l'Isère, de la vallée d'Optorez, des environs de Nice, etc., etc. Cet artiste a obtenu une médaille à Paris en 1868, à La Rochelle, Périgueux, Lyon, etc., etc.; et tout récemment, à Vienne, deux médailles d'or (section de peinture et eaux-fortes).

tions, *Retour des champs*. Le paysage, peut-être un peu sacrifié à la figure, n'en est pas moins largement traité : mais comme cette figure est belle et pleine d'une allure charmante et naturelle ! Certes ce n'est point la paysanne de nos réalistes modernes; l'artiste y a mis son sentiment, et sous ce costume de sa campagne, c'est plutôt la mère que la paysanne qu'il a voulu nous faire admirer. Malheureusement les œuvres de ce maître ne sont pas encore très-connues à Paris; les Lyonnais, qui l'admirent, l'accaparent presque complétement. Et puis le fusain ne s'est répandu à Paris que peu à peu, et grâce à l'initiative de quelques marchands liés avec des artistes. Citons notamment M. Dangleterre, encadreur, rue de Seine, qui, dès 1855, comprit, aux premières œuvres de M. Allongé, ce que deviendrait ce jeune artiste.

De même M. Berville pour Maxime Lalanne.

A ce propos, nous raconterons ici une petite anecdote qui prouve le peu d'intelligence des gens les mieux placés pour faire connaître un talent nouveau.

Appian, aussi modeste qu'il est plein de talent, voulut un jour se faire connaître à Paris comme fusiniste, son mérite comme peintre étant reconnu et lui ayant déjà valu une médaille à l'Exposition. Il avisa donc le marchand le plus connu de Paris pour s'occuper spécialement de l'étude du fusain, et, après lui avoir offert de déposer un de ses dessins, finit par l'obtenir (comme une haute faveur, notez bien); un peu plus tard, il retrouvait ce même dessin dans une soupente, le verre qui le recouvrait brisé, le tout dans un état pitoyable. Aussi se promit-il de ne jamais recommencer cet essai malheureux. Nous espérons bien cependant que l'éminent artiste reviendra de cette décision, qui serait regrettable pour tous les amateurs de fusain.

Maxime Lalanne est un de ces paysagistes qui frappent à première vue par leur originalité. Que lui faut-il pour faire un fusain? Un coin, une vieille rue, un château en ruines. Sobre de détails, il traite le fusain un peu trop comme l'eau-forte, où il excelle, mais quelle poésie, quel goût parfait dans le choix d'un motif!

Allongé[1], disait un jour F. Petit, le savant

1. Auguste Allongé, né à Paris en 1833; élève de l'École

expert, c'est le *fusain*, et le *fusain* c'est Allongé. En effet, il semble que ce maître ait tiré de ce moyen tout le parti possible. Qu'il traite un sous-bois, les bords d'une rivière, une saulée, la pleine campagne, les montagnes ou la mer, on sent toujours l'artiste né peintre, et qui peint à l'aide d'une seule couleur. Mais quelle myriade de tons

des beaux-arts, médaillé à l'École en 1853; entre en loge en 1854; expose pour la première fois, à l'Exposition universelle de 1855, un grand dessin, *Souvenir de la Gorge aux loups;* et depuis, tous les ans, peinture et fusains. Les plus connus sont : *les Étangs du Péray,* fusain; *Moutons dans l'île de Creteil,* tableau; *la Fontaine Sainte-Barbe* (Morbihan), fusain, *la Mer à Portrieux; la Saulée inondée* (1866), fusain acheté par M. le prince Stirbet; *la Vallée du Goriet* (1868), tableau; *Plage de Villers,* tableau; *Bords du Scorf* (Quimperlé); *le Sentier de la source* (Villers), fusains (1869); *Octobre en forêt,* tableau; *la Vallée d'Hyères,* fusain (1870); *Vue de la ville du Puy,* tableau acheté par l'État; *Solitude,* fusain (1872), et Exposition de Vienne (1873) (appartient à M. Delaporte, à Saint-Quentin); enfin au dernier Salon, *l'Hyère à Crosne,* tableau; *la Mare,* fusain acheté par M. le comte d'Audiffret. Depuis sa médaille de l'École, M. Allongé a obtenu un grand nombre de récompenses: Paris (1866), beaux-arts appliqués à l'industrie, première médaille d'or, le Havre, La Rochelle, Bourges, etc., etc.

dans ce noir de fusain! Quel sentiment juste des valeurs, quel charme dans cette perspective pleine d'air, dans cette forme toujours élégante et gracieuse!

Enfin, les amateurs ont pu voir, ces temps derniers, chez MM. Goupil, boulevard Montmartre, des fusains d'un genre nouveau : je veux parler des œuvres de M. Reyé. Bien que nous ne soyons pas très-partisan de cette manière d'interpréter la nature à l'aide du blanc absolu et du noir intense, nous reconnaissons qu'il y a là un véritable talent avec lequel il faut compter, et que si l'artiste veut se plier au goût et aux idées modernes, il est bien près de passer maître. C'est surtout dans les demi-teintes et les plans éloignés que le dessin au fusain acquiert un grand charme : aussi arrive-t-on à la sécheresse si l'on néglige cette étude. M. Reyé est élève de Calame, et n'a point encore dépouillé complétement l'enveloppe du maître. Or, Calame, qui eut de son temps un succès mérité, est un peu démodé de nos jours; et cela n'a rien qui doive surprendre, le paysage ayant fait des progrès considérables depuis cinquante ans. Que M. Reyé nous pardonne notre franchise; mais si nous nous permettons d'apprécier de cette façon ses œuvres originales, c'est que nous sommes convaincu que le public peut discuter aujourd'hui son talent et même le critiquer, sauf à l'admirer demain sans restriction.

Considéré au point de vue de l'amateur, le fusain est assurément le seul moyen qui puisse donner un résultat sérieux, et si chaque père de famille comprenait bien ce qu'il y a de ressources contre l'oisiveté à développer chez les jeunes gens le goût du dessin à l'aide de ce procédé si simple, il n'y aurait bientôt plus d'homme qui, ayant reçu une certaine éducation, ne sût employer agréablement ses loisirs, à la campagne et même à la ville, où chacun se plairait à passer ses soirées en famille, assis devant un chevalet où l'on peut, tout en travaillant, se livrer à ces douces causeries intimes plutôt que d'aller user sans profit sa jeunesse dans les cafés ou les bals publics.

Nous sortons de notre sujet, il est vrai, mais nous avons toujours regretté que dans les colléges on laissât de côté l'étude du paysage. Certes, nous ne voulons pas nier l'utilité des études académiques, mais sur cent jeunes gens qui vont au cours de dessin, dix ou vingt profitent réellement de l'enseignement qui leur est donné; les autres, au contraire, prétextant de leur peu de dispositions, se rebutent et ne font aucun progrès, ce qui n'arriverait certainement pas si le paysage était admis; et, sortis du collége, aimant un art dans lequel ils auraient acquis une certaine facilité, ils lui consacreraient tous leurs loisirs.

MATÉRIEL DE L'ATELIER

DU

MATÉRIEL DE L'ATELIER

S'il est passé en proverbe que le mauvais ouvrier se plaint toujours d'avoir de mauvais outils, il est incontestable qu'en avoir de bons simplifie le travail, le rend plus agréable et vous amène à un résultat plus satisfaisant. Aussi ne craindrons-nous pas de nous étendre sur ce chapitre et d'entrer dans les moindres détails en ce qui concerne les divers accessoires nécessaires à l'étude du fusain.

Que vous soyez artiste de profession ou simplement artiste de paysage, entourez-vous de tout ce qui peut vous être utile, et, croyez-en l'expérience, vous y trouverez un avantage sérieux.

Le Chevalet.

Le matériel de l'atelier se composera d'abord d'un chevalet; et nous croyons que si l'on travaille beaucoup, on fera bien de se procurer un chevalet mécanique, dit *chevalet Bonhomme,* parce que les chevalets à trois pieds, fort commodes pour de petits dessins, ne soutiendront pas assez le châssis si l'on travaille sur un dessin dépassant la tablette dite *portoir* du chevalet; alors on a constamment un mouvement de droite à gauche et réciproquement sous la pression de la main pendant le travail. A défaut du chevalet mécanique, on peut se servir du chevalet ordinaire à trois pieds, beaucoup moins coûteux et presque aussi commode. Et même on peut obvier à l'inconvénient que nous avons signalé plus haut, en plaçant à une hauteur d'environ $0^{m},60$ à $0^{m},80$ de la tablette mobile, lorsqu'elle est à hauteur de la main pour travailler assis, une traverse de bois fixée à l'aide de clous, ou mobile à l'aide de vis maintenues par de petits écrous, traverse qui, de la même grandeur que la tablette, soutiendra très-bien le châssis. Cela ne sera pas fort agréable à l'œil, mais rendra presque le même service que le chevalet mécanique. Si vous préférez ce dernier, prenez de préférence le chevalet à tige fixe, moins susceptible de se briser que la tige montante. Nous ne parlons pas des chevalets à moufles; on s'en sert peu aujourd'hui, vu la difficulté, une fois le portoir monté, de le descendre à volonté sans secousses.

Quant au chevalet porte-modèle, à une seule tige et à pieds en croix, il est à notre avis tout à fait inutile, attendu qu'à l'aide d'un clou à crochet planté au sommet du chevalet sur lequel on travaille, on peut suspendre le modèle qui viendra s'appuyer sur le châssis même où l'on en fait la reproduction. Si le modèle est trop grand pour permettre d'employer ce moyen, on le p acera sur une chaise ou sur un chevalet de table ou ordinaire, mais en aucun cas on ne devra faire usage du chevalet porte-modèle, qui n'est jamais assez solide pour supporter un grand dessin, et que le moindre choc ferait basculer.

Le Châssis.

A l'atelier, le châssis est le mode le meilleur pour tendre son papier, c'est aussi le moins coûteux, et l'on devra l'admettre d'une façon absolue parce que c'est le seul qui permette de tendre réellement bien et qui offre une grande résistance.

Le châssis doit être fait comme celui qu'on emploie pour les toiles à peindre, mais il ne faut pas qu'il soit garni de clefs, et de plus, il est commode d'y appliquer[1], même pour les petites dimensions, au milieu et à l'envers, une traverse de bois qui permette, le dessin terminé, de le tenir aisément pour le fixer.

1. Nous disons *appliquer,* car si l'on enclavait cette traverse comme dans les châssis de toiles à peindre, on se trouverait gêné pour fixer le dessin; la brosse ne pourrait passer facilement sous cette traverse.

Il ne faut point se rebuter si les premières fois qu'on tend son papier le résultat n'est pas parfait. C'est une affaire d'habitude, et nous pouvons affirmer que si l'on se conforme exactement à l'instruction qui va suivre, on arrivera à tendre son papier rapidement, sans aucun gondolage, ce qu'on ne peut jamais obtenir avec les stirators ordinaires.

Pour tendre son papier, après l'avoir coupé de grandeur suffisante pour qu'il dépasse d'environ $0^{m},04$ centimètres le châssis de chaque côté, on l'étend sur une table, l'endroit, ou mieux, le grain du papier appliqué contre la table, puis à l'aide d'une petite éponge on mouille l'envers d'un bout à l'autre; le papier une fois humide, on applique le châssis dessus, et on fixe un des côtés à l'aide de clous dits *semence*, l'un au milieu, les deux autres aux extrémités. Cette opération faite, on retourne son châssis et l'on répète la même opération pour le côté qui fait vis-à-vis au premier qu'on vient de fixer : puis on procède de même pour les deux autres côtés, en opérant simultanément et en ayant soin de rabattre les coins du papier, en les tirant un peu, sur les bords du châssis. Ce travail doit se faire le plus rapidement possible. Quand le papier est ainsi maintenu par chacun des quatre côtés par trois pointes, on place entre elles autant d'autres pointes qu'on le juge nécessaire suivant la grandeur du dessin à exécuter.

Il faut, pour qu'un papier soit bien tendu, mettre une pointe environ tous les quatre centimètres, et à mesure que l'on cloue tirer suffisamment sur le papier pour qu'il se tende le plus possible, bien qu'encore humide; mais cela doit se faire cependant d'une façon assez modérée pour que le papier ne se déchire pas sous les doigts. L'opération faite, on laissera sécher le papier à la température de la saison, et au bout d'une demiheure en hiver, un quart-d'heure en été, le papier se trouvera aussi bien tendu qu'une toile à peindre. Surtout l'hiver on devra bien se garder de faire sécher devant le feu, car alors le papier ainsi tendu jouerait facilement à une température inférieure, et se détendrait pendant le travail.

Le Stirator.

Appareil qui se compose de deux châssis enclavés l'un dans l'autre ou superposés et maintenus l'un sur l'autre à l'aide de pointes et de fermoir; est aussi un mode de tension fort en usage pour le dessin au fusain. Il suffit pour le premier genre de stirator de placer le papier mouillé sur le plus grand châssis, puis appliquant le second châssis sur le premier, de le presser jusqu'à ce qu'on puisse fermer l'appareil. Pour le second genre de stirator, l'emploi en est encore plus simple; il suffit de placer bien régulièrement le papier entre les deux châssis, qu'on replie ensuite l'un sur l'autre. Fort commode en campagne, en ce sens qu'il ne nécessite pas l'outillage du châssis, savoir, clous, marteau, etc., le stirator lui est bien inférieur pour le travail à l'atelier. Le stirator à pointes, tirant horizontalement sur le papier, le déchire facilement lorsqu'il sèche et se tend. L'autre, tirant sur le papier à l'aide d'un ressaut qui entre d'un des châssis sur l'autre, le déchire aussi très-facilement, surtout aux angles. Il y a bien aussi un troisième stirator qui réunit toutes les conditions voulues. Il est composé de deux châssis qui, tout en étant superposés, s'enclavent l'un dans l'autre à l'aide d'une rainure intérieure. Il n'a pas le défaut du premier parce que les angles sont libres, et il ne déchire pas le papier comme le second parce que la tension n'est pas horizontale. Mais pour être absolument bon, cet appareil demande une telle précision dans sa construction que, le prix en devenant trop élevé, les commerçants n'ont pu l'admettre.

Les Fusains.

On peut assurément dessiner avec toutes les espèces de fusain; néanmoins il n'est pas inutile d'avoir pour le paysage au fusain quelques qualités supérieures. Le fusain commun dont on se sert pour l'esquisse doit être rejeté, car il vaut mieux employer pour l'esquisse le même fusain qui servira à exécuter le dessin. Les fusains des artistes marqués R G M sont assurément les meilleurs ; ils sont de composition naturelle et simplement cuits avec soin : gros et agréables à manier, ils donnent les noirs les plus intenses, et malgré cela les gris les plus doux pour les fonds et les derniers plans quand on écrase à l'estompe.

Pour les détails et les branches fines, on fera bien d'avoir également du petit buisson dit mignonnette qui, plus dur que le précédent, est aussi noir et résiste sous la pression de la main. Il peut se tailler aussi fin que possible, ce qui permet de rendre les branches les plus minces et les détails les plus légers.

Le fusain vénitien n'est pas mauvais, mais il n'est pas supérieur au précédent et coûte beaucoup plus cher. Du reste, ce n'est point un fusain naturel, aussi ne conseillons-nous point de l'employer. Enfin l'excellent fusain est le manche à balais, espèce de tous bois, gros comme une bougie et qui, taillé à plat, sert surtout à faire les ciels et les tons unis sur une grande surface.

Mais il est une sorte de fusains, soi-disant *trempés,* dont on ne devra jamais se servir. Ces crayons, qui ne sont autre chose que le fusain commun passé dans une composition liquide, sont loin de valoir le fusain naturel. Secs et durs, ils gênent à chaque instant l'exécution et sont tout au plus bons pour l'esquisse. Je sais bien que le papier qui les enveloppe est un attrait irrésistible, mais on se rendra compte à l'user que, contrairement au proverbe, le pavillon ne couvre pas la marchandise.

Nous ne sommes pas partisan des retouches vigoureuses à l'aide du crayon noir ou lithographique; ces sortes de retouches enlèvent au fusain la douceur qui le caractérise. Néanmoins, il est des cas où une note très-vigoureuse est utile. Le crayon de H. Conté est, dans ce cas, le meilleur à employer.

La sauce de fusain, ou fusain pulvérisé, est en usage depuis quelque temps pour les ciels, les fonds et les retouches.

Les Papiers.

Dans chacune des deux brochures[1] les plus intéressantes et les plus sérieuses qui aient été écrites sur le fusain, il y a une opposition telle dans le choix des papiers à employer, que nous citerons les deux passages, pour dire ensuite notre opinion à ce sujet, et spécifier dans quel cas on pourra se servir avantageusement de chaque espèce de papier.

« Le papier, dit M. Lalanne, s'il a un certain grain, une rugosité semblable à celle du papier vergé, accroche les parties friables du fusain, et quel que soit le sujet qu'on veuille traiter, on fera bien, après avoir taillé son fusain, de passer en tous sens un ton général, qui donnera déjà un commencement de valeur, pour n'avoir pas à travailler ensuite sur une surface blanche, mais bien sur un fond préalablement établi. Cette valeur

1. MM. Lalanne et Allongé.

pourra se modifier suivant les différents plans du sujet. »

D'autre part, nous trouvons : « Ce qui me force à condamner des papiers qui auraient un grain trop fort ou des divisions régulières, c'est que je trouve qu'il est absolument nécessaire, pour les fonds, de pouvoir écraser le ton, afin de le rendre plus fin à cause de son plan, quelque vigoureux qu'il soit comme ton ; de même pour les eaux, et alors si le grain du papier donne dans les fonds le même travail qu'au premier plan, il vous force à laisser dans votre travail des aspérités blanches pour toutes les lumières, si différentes entre elles ; vous n'aurez plus ni plan ni valeurs, car ce grain blanc rendra aussi bien le jaune que le vert, le ton sourd que le ton brillant, nous tombons dans le procédé et le côté pictural disparaît[1]. »

Cette réfutation, quant à l'emploi des papiers vergés, nous semble fort juste, car, outre qu'il est fort difficile en préparant un ton général, comme l'indique M. Lalanne, d'obtenir avec ce papier un

1. *Le Fusain*, par Allongé, page 21.

ton fin, uni et partout égal, et où les rayures ne paraissent pas, ce papier, par cela même qu'il laisse voir entre les aspérités qui accrochent le fusain, le ton du papier lui-même, loin de donner un ton frais et lointain, portera facilement l'élève à exécuter des dessins dont les ciels et les eaux papillotteront et dont les terrains manqueront absolument de solidité. De plus, ce papier fort léger de sa qualité même, est d'un emploi difficile sur le châssis ou le stirator. Il faut donc s'en servir uniquement sur blocs ou sur un carton, ainsi qu'on fait pour l'académie, ce qui ne permet jamais les finesses du papier tendu. Néanmoins, il ne faut point condamner ce papier d'une façon absolue, d'abord parce que M. Lalanne s'en servant avec tout le talent possible obtient, lui, le résultat dont il parle, et ensuite parce que nous croyons qu'en certains cas il facilite l'exécution, notamment si l'on veut reproduire des ruines, villages, vieilles rues pittoresques, en un mot tout ce qu'on nomme *fabriques*. Mais, en principe, on devra le proscrire dans l'enseignement, parce qu'on aurait à vaincre des difficultés qu'un bon papier ne présentera pas.

Aussi conseillerons-nous de prendre les papiers dont se servent MM. Allongé et Appian, qui sont des papiers bulle jaune choisis ou blanc d'un grain fin et bien égal. Ces papiers permettent de traiter tous les sujets, pourvu qu'on sache modifier et varier son travail suivant la nature du sujet à reproduire. Aucune précaution spéciale d'ailleurs, en ce qui concerne ces papiers, si ce n'est de les conserver toujours purs et propres, et d'éviter, en les appliquant sur le châssis ou le stirator, de mouiller du côté du grain où l'on doit dessiner, ce qui occasionnerait des taches toujours fort difficiles à faire disparaître. Nous n'employons et ne conseillons pas d'employer les papiers teintés ; si néanmoins on désire obtenir un ton général jaune, il suffit de faire dissoudre un peu de safran dans le fixatif qu'on emploie d'ordinaire à blanc.

Estompes, Tortillons, Amadou, Ouate, Chiffons de toile et de laine, Moelle de sureau, Emploi et Conservation de la Mie de pain.

Ces divers accessoires et leur mode d'emploi ont à notre avis une telle importance, que nous ne nous contenterons pas d'une simple nomenclature. L'estompe de papier est celle dont l'usage est le plus fréquent. Toutes les estompes de papier ayant à peu près la même provenance, sont également bonnes ; il suffira donc, pour les conserver telles, de les serrer avec soin aussitôt après le travail pour ne pas les épointer; autrement on ne pourrait obtenir de finesse dans le dessin, elles ne serviraient plus que pour les préparations à plat. L'estompe plate, dite à patte de lièvre, est assez commode pour obtenir un ton uniforme sur une surface un peu large; on en fait usage surtout pour les réflections dans les eaux. Parmi les autres estompes (de peau, de soie, de liége, etc.), l'estompe de peau seule nous paraît utile dans l'étude du fusain, pour obtenir des tons clairs et des demi-teintes. On s'en sert généralement dans les grandes teintes, partout où l'estompe de papier ne ferait point assez clair et où la mie de pain ferait trop clair. Les tortillons rendent à peu près les mêmes services que l'estompe de papier, surtout pour les petites surfaces; ils sont plus souples, plus agréables à manier, et d'ailleurs beaucoup moins coûteux. Du reste, chacun peut en fabriquer aisément avec du papier gris ou buvard. On en fait également en gros papier et en papier dit de soie.

Le Chiffon.

Pour passer un ton général sur son papier et lui ôter la crudité du blanc, ou bien encore si l'on veut obtenir une valeur de ciel, on se sert généralement de la paume de la main ou des quatre doigts réunis, après avoir mis préalablement, et cela aussi régulièrement que possible, la quantité de fusain nécessaire pour obtenir la valeur voulue. Mais si l'on veut obtenir un ciel brillant et clair, ainsi que des eaux transparentes et lumineuses, l'usage du chiffon de vieille toile ou de vieux calicot est excellent. On tamponne le chiffon de façon à ce qu'il présente une surface large et unie; puis en tournant de bas en haut on écrase le fusain. Mais pour que ce moyen ne puisse nuire au travail qui doit suivre, il faut s'en servir avec adresse, car il est nécessaire que l'opération soit faite pour ainsi dire du premier coup; autrement, et si l'on s'y reprend à plusieurs fois pour obtenir la régularité, le fusain, entrant trop dans le papier, donnerait un ton ou trop clair ou trop noir, suivant la quantité de fusain posée d'abord, dans lequel, même à l'aide de la mie de pain, on ne saurait plus obtenir une seule lumière franche ni un ton brillant et vif pour éclairer un nuage ni une ligne de soleil dans les eaux.

On se sert dans le même but de la peau de gant, de l'amadou, de ouate, etc. Mais ces moyens sont bien inférieurs aux premiers; plus difficiles à employer, souvent ils font des taches ou des ciels cotonneux d'une tonalité lourde et désagréable. On peut s'en servir pour modeler les nuages, mais point pour le ton de fond ou azur, qui doit toujours être fin et uni, ce qu'on ne peut obtenir qu'à l'aide du chiffon. Enfin, on se sert aussi, pour exécuter un ton de fond ou de ciel, de la sauce de fusain pulvérisé, dont on couvre le tampon de de linge dont nous venons de parler. Ce dernier moyen donne un ton doux et léger sur lequel on peut ensuite modeler ses nuages.

La Mie de pain.

Fortement pétrie et tournée en boulette plate ou pointue, elle sert, comme on sait, à obtenir le brillant le plus vif dont on a besoin. Il faut toujours employer de la mie de pain de ménage, rassis; le pain tendre graisse le papier et nuit aux retouches. Pour conserver la mie de pain, il faut la presser dans une petite boîte en plomb ou en étain telle qu'on en vend pour tabatières dans les bazars ou magasins de jouets d'enfants; de la sorte on peut la conserver pendant deux ou trois jours, suivant la saison. Ce mode de conservation est fort commode, surtout dans les excursions; la boîte à mie de pain tenant peu de place, on peut néanmoins, en pressant fortement, la remplir suffisamment pour pouvoir exécuter plusieurs dessins avec le contenu.

Le Grattoir.

Il joue un rôle assez important dans le fusain pour qu'on puisse le choisir avec soin : il sert à obtenir des tons demi-clairs dans le détail de l'exécution, là où l'estompe et le tortillon ne donneraient pas assez de finesse. On s'en sert avantageusement pour le feuillé des arbres en second plan, et aussi dans les premiers plans pour détacher des herbes, ajoncs et roseaux. Que le grattoir soit toujours bien affilé, autrement il écorcherait le papier, et en fixant le dessin le liquide formerait une bavure. Le grattoir ordinaire fixe, ou rentrant dans sa gaine à l'aide d'une coulisse, est excellent; mais il est préférable encore de se servir du grattoir dit *scalpel*. Avec la pointe on obtient une grande finesse; avec le tranchant on peut aborder des surfaces plus larges que le grattoir ordinaire. Enfin, cette espèce de grattoir se tient plus commodément entre les doigts et permet de travailler toujours dans le même sens.

Le Fixatif.

DIVERSES MANIÈRES DE FIXER LE FUSAIN.

Fixation indirecte. — La fixation d'un fusain, une fois le travail terminé, demande un soin tout particulier. Beaucoup de procédés ont été employés jusqu'à ce jour; aucun, il faut l'avouer, ne donne un résultat absolument bon; aussi peut-on taxer de charlatanisme toutes les réclames faites à ce sujet, qui promettent le succès absolu. Le premier fixatif employé fut celui de Durozier, fort en usage surtout chez les peintres verriers. Il fixe bien et est assurément suffisant pour les cartons-esquisses, etc.; mais il donne au papier un ton jaune fort désagréable qui peut nuire à l'effet, surtout s'il est lumineux, et de plus il donne au dessin, en traversant le papier, un brillant qui retire la principale qualité du fusain, c'est-à-dire ce ton mat qui en fait la valeur et l'harmonie.

Les autres fixatifs de MM. Rouget, Berville, etc., à peu près de composition analogue, donnent, malgré les réclames de leurs inventeurs, le même résultat : seulement le fixatif Meusnier, adopté par MM. Allongé et ses élèves, qui le préfèrent aux autres, a l'avantage de s'appliquer à la fixation directe, sans qu'on ait besoin de nettoyer l'appareil, opération désagréable dont nous parlerons tout à l'heure. Quant au mode de fixation, c'est une opinion généralement adoptée, et la seule vraie du reste, que les fusains fixés par derrière le sont toujours d'une façon plus inaltérable[1]. C'est d'ailleurs le moyen le plus commode et le plus rapide. On verse dans une tasse ou dans une soucoupe du fixatif, et à l'aide d'un pinceau dit brosse plate, qu'on imprègne de fixatif en le trempant dans la tasse, on mouille son dessin à l'envers, en tenant le châssis par la traverse du milieu. Quand le dessin est bien couvert de fixatif, on fait sécher le plus rapidement possible, au soleil en été, non loin du feu en hiver. Le fixatif séchant rapidement, happe la poudre de fusain à travers le papier, la fait adhérer et lui fait pour ainsi dire faire corps avec lui. Nous indiquons le moyen de la tasse comme le plus économique, autrement, et si l'on n'y regarde pas de si près, il suffit de verser du fixatif au dos de son dessin et de l'étendre également partout avec la brosse. Mais de cette façon il y a beaucoup de

1. La supériorité du fixatif Meusnier est incontestable : son seul inconvénient est l'odeur forte qui le caractérise; aussi fera-t-on bien de fixer son dessin, autant que possible, près d'une fenêtre ouverte, et de tenir le flacon bien bouché quand on ne s'en sert point. — On le trouve chez tous les marchands de couleurs et papetiers.

fixatif perdu, et le dessin n'en est pas mieux fixé.

Fixation directe. — On se sert généralement, pour ce mode de fixation, et à tort selon nous, de l'appareil fixateur Rouget. Nous regrettons de ne point être de l'avis de M. Maxime Lalanne, et voici les raisons qui nous font penser différemment : D'abord la fixation directe est loin de donner instantanément le résultat promis. Il faut répéter l'opération plusieurs fois, et pour cela attendre chaque fois que le papier sèche, pour obtenir la même fixation que par le procédé ordinaire. Puis l'usage de cet appareil est peu pratique, en ce sens qu'il faut le nettoyer chaque fois qu'on s'en est servi ; autrement il s'encrasse, et le tube capillaire qui en est la base s'engorge facilement. Enfin si l'on souffle trop précipitamment ou qu'on s'approche plus qu'il ne faut de son dessin, la vaporisation n'est plus nette, et un jet de fixatif vient frapper le dessin, entraînant avec lui le fusain et formant une bavure impossible à retoucher. Ainsi l'on peut en un instant perdre le travail de plusieurs heures. Enfin, la soufflerie à l'aide de la bouche étant néceessairement intermittente, on ne peut jamais répondre d'une régularité absolue. On devra donc renoncer à ce fixateur, surtout en dessinant d'après nature.

Il résulte de ce que nous venons de dire que la fixation directe ne doit jamais être employée que lorsqu'elle est indispensable, c'est-à-dire quand il s'agit de fixer un dessin sur toile, soie, etc., comme une esquisse préparée pour peindre, ou des écrans, éventails, etc. Et dans ce cas, le meilleur appareil est celui dont on se sert en médecine pour la vaporisation des eaux minérales, vaporisation obtenue par l'appareil à soufflerie continue en caoutchouc de Galande. Nous savons que cet appareil est d'un prix plus élevé que le précédent, mais il est beaucoup moins fragile et donne un résultat tellement supérieur, qu'il y a encore économie sérieuse à l'employer. Enfin, n'obtenant pas la soufflerie avec la bouche, puisque c'est avec deux boules pressées successivement dans chaque main, le tube vaporisateur ne s'engorge pas, et l'on évite ainsi le nettoyage, opération insupportable, surtout lorsqu'on opère d'après nature.

Du Matériel de campagne.

Autant qu'il est possible, il faut alléger son matériel de campagne, car on ne sait en partant, si le site qui séduira est près de l'endroit où l'on habite, ou si l'on devra faire une longue étape avant de le trouver. Une bonne habitude à prendre est de travailler sur ses genoux, ce qui évite le chevalet de campagne qui, malgré tous les perfectionnements imaginés par l'industrie, est toujours assez lourd pour fatiguer. Mais on fera bien d'avoir toujours un pliant, car en s'asseyant à terre [1], il arrive souvent qu'on se trouve gêné par l'horizon, qui se présente alors au-dessus de l'œil, ou par les premiers plans, qu'on ne domine

1. « De temps en temps aussi le paysagiste se baisse pour s'assurer si les lignes du paysage que, debout, il a trouvées heureuses, présenteront le même rhythme lorsqu'il en aura modifié, en s'asseyant, le point de vue perspectif. » (*Le Paysagiste aux champs*, par F. Henriet, page 15.)

pas assez. Si l'on veut faire des études soignées ou des dessins d'ensemble d'après nature, il est bon de se munir d'un parasol; car si l'on se trouve en pleine campagne, au soleil, quelque vigueur qu'on donne à son dessin, il paraît toujours gris; on empâte, et l'on est tout surpris, de retour à l'atelier, d'avoir fait un dessin extrêmement noir, rappelant le crayon de Conté ou lithographique : les plans n'ont plus leur valeur, et l'on arrive à la sécheresse, ennemie du fusain.

Quant aux boîtes à fusain faites comme les boîtes de campagne pour la peinture à l'huile, et en général tous les attirails de cette espèce, il faut bien se garder de s'en embarrasser. Quelques fusains, une estompe, deux ou trois tortillons, la tabatière à mie de pain, le grattoir, tout cela peut tenir dans la poche, et c'est justement parce que ce mode de dessin est le moins embarrassant qu'il est le plus agréable. Il n'y a que le porte-châssis qui nous paraisse réellement utile. C'est une sorte de boîte ouverte qui n'a ni dessus ni dessous, mais seulement les côtés, et dans laquelle on serre les châssis tendus de papier, à l'aide de pattes en cuivre. On peut obtenir ces porte-châssis aussi légers que possible. A l'aide d'une petite courroie placée près de la poignée on peut maintenir le petit bidon en fer-blanc qui contient le fixatif, et l'on peut également par le même moyen y attacher le pliant et le parasol.

ETUDES ET LEÇONS

L'ÉTUDE

D'APRÈS LES MAITRES

DU CHOIX DES MODÈLES.

Il est une phrase que l'on entend souvent répéter autour de soi lorsqu'on commence à se livrer à l'étude du dessin ou de la peinture; c'est celle-ci : « Soyez vous-même et faites-vous une originalité, là est le succès. » Certes, bien comprise, cette opinion est d'une vérité absolue. Mais il ne suit pas de là qu'il soit inutile de copier des modèles et qu'il faille, sans étude préalable, aller travailler d'après nature. Il est bien évident qu'à force de lutte et de travail, on peut arriver, d'après nature, à de bons résultats, surtout si l'on est doué d'une façon particulière pour le dessin. Mais ce traité ne s'adresse point à ces natures d'élite, il est uniquement écrit pour être utile aux amateurs et n'a point la prétention d'intéresser les artistes. Aussi dirons-nous à l'amateur que, procéder tout d'abord d'après nature, n'est point une bonne méthode. Mais si, au contraire, on assujettit l'œil et la main au travail, moins agréable, il est vrai, mais si utile de la copie, peu à peu on arrive, par la connaissance raisonnée des moyens employés dans l'art du dessin au fusain, à être beaucoup moins embarrassé d'après nature. Mais pour que la copie soit profitable, il faut qu'elle soit sérieusement étudiée, et que les modèles soient choisis avec le plus grand soin. Et d'abord on devra s'abstenir des modèles gravés ou lithographiés faits autrefois, car « ces paysages, adroitement esquissés, mais ayant le blanc du papier pour ciel, qu'il soit gris, bleu ou blanc, retrouvent ce papier et sa couleur pour exprimer le brillant du chemin, le vert de la feuille au soleil, comme le ton sourd du tronc de l'arbre, les clairs du chaume et de la brique, comme les éclats de la pierre ou du plâtre [1]. »

1. Allongé, *Le Fusain*, page 12.

Ce n'est pas à dire pour cela qu'il faille absolument condamner ces modèles, car en tout il y a du bon; mais il faut savoir en tirer parti. Ainsi l'élève qui ne sait point dessiner et qui veut faire du fusain devra (et en cela l'expérience nous a toujours réussi) se livrer, en dehors de cette étude spéciale, à de petits travaux de copie à la mine de plomb qui lui feront la main et le rendront par la suite plus habile lorsqu'il voudra traiter le fusain avec finesse et arriver à des détails soignés. Ainsi, par exemple, on pourra commencer à copier les cahiers de paysage de la méthode Cassagne : mais seulement les premiers, car cette méthode excellente pour les *fabriques*, nous paraît défectueuse lorsqu'on arrive aux arbres. Cette étude devant être faite en vue du fusain, l'étude particulière de la feuille n'est point utile; il faut autant que possible s'habituer à traiter les arbres par les masses et l'effet, et non par le détail du feuillé. Si l'on veut pousser cette étude plus loin, on pourra copier quelques modèles de l'album de Hubert, mais en ayant soin d'y ajouter un ton de fond dégradé pour avoir un ciel.

Depuis quelque temps beaucoup de personnes

copient au fusain des photographies d'après nature : cela est très-mauvais. Ces photographies faites avec soin, et qui du reste sont d'excellents renseignements pour les artistes, donnant la figure exacte et minutieuse des objets reproduits, forcent l'élève à exécuter la *petite bête*, comme on dit, et l'éloignent de l'interprétation large de la nature. Enfin nous affirmerons ceci, pour étudier le fusain il n'y a que deux sortes de bons modèles : les reproductions de fusain par de bons procédés, comme on en a trouvé ces dernières années, tels que la lithophotographie ou l'héliographie; ou mieux encore, à Paris, les fusains eux-mêmes, qu'on peut aisément se procurer, soit par location, soit par abonnements.

Du reste, cette lacune, en ce qui concerne les bons modèles de dessin et particulièrement de fusain, va être définitivement comblée, grâce à l'intelligente initiative de la maison Goupil et Cie. Prévoyant l'importance que ce genre de dessin est appelé à prendre très-prochainement, les célèbres éditeurs ont demandé à M. Allongé une série de modèles qui formera le *Cours de paysage*. On ne saurait trouver un cours plus pratique et plus complet que cette collection de dessins, où il semble que le maître se soit surpassé lui-même. On trouvera, en effet, dans ce cours l'ensemble des études et renseignements qui sont nécessaires pour l'étude d'après nature. Tout y est traité : arbres, premiers plans, sous bois, bords de rivière, montagnes et marines. Et il est à remarquer que, dans cette collection, chaque planche prise séparément forme un véritable paysage, même dans les premières de la série. On ne retrouve plus ici ces *éléments* et *principes* si arides des anciennes méthodes. Le maître a entrepris de démontrer ces principes tout en charmant l'élève ou l'amateur, et, de l'avis de ceux qui ont vu les originaux, nous pouvons dire qu'il a pleinement atteint le but qu'il se proposait. La reproduction de ces fusains est une véritable merveille. Nous avons montré l'épreuve à quelques artistes et nous avons pu constater que le *fac simile* est tel, que presque tous ont pris sa reproduction pour un véritable fusain.

En résumé, il est évident que c'est là un grand pas fait dans l'enseignement du dessin, et nous espérons que ce résultat obtenu dans la reproduction du fusain facilitera l'introduction du paysage dans l'instruction publique.

Nous engagerons l'amateur à prendre les fusains de M. Allongé comme modèles, et sa manière comme méthode, parce que ses dessins sont exécutés d'une façon tellement écrite et nette, qu'au deuxième dessin copié on reconnaîtra toujours la manière de procéder du maître. Ce n'est pas, croyez-le bien, parce que nous sommes élève de M. Allongé que nous pensons ainsi, mais c'est au contraire parce que telle était notre opinion que nous l'avons choisi pour maître. Quand après quelques mois d'études on possède bien la manière de faire, en un mot la *ficelle* du dessin au fusain, on peut aborder tous les genres. Les fusains de MM. Appian et Lalanne devront être pris comme fin d'études. Les œuvres de ces deux maîtres ne se présentent point aussi nettement à l'esprit comme exécution, et il faut, à notre avis, avoir tout le talent qu'ils possèdent pour arriver à un tel résultat avec si peu de moyens.

Copies d'après la peinture.

Le passage de la copie à l'original est souvent difficile, et tel, avec le travail, est arrivé à être un copiste, fidèle qui ne réussit pas toujours à donner d'après nature une œuvre satisfaisante. Aussi croyons-nous qu'une excellente transition est de rendre au fusain quelques tableaux à l'huile. Si dans un tableau le dessin est tout tracé, si la forme est facile à reproduire, il faut déjà se rendre compte des valeurs que le peintre a rendues, valeurs qui sont la base absolue de l'art.

Enfin, l'exécution de la peinture n'ayant rien de commun avec les procédés du fusain, on peut déjà profiter des travaux antérieurs et apprendre graduellement à tirer parti de tous les moyens que l'on possède.

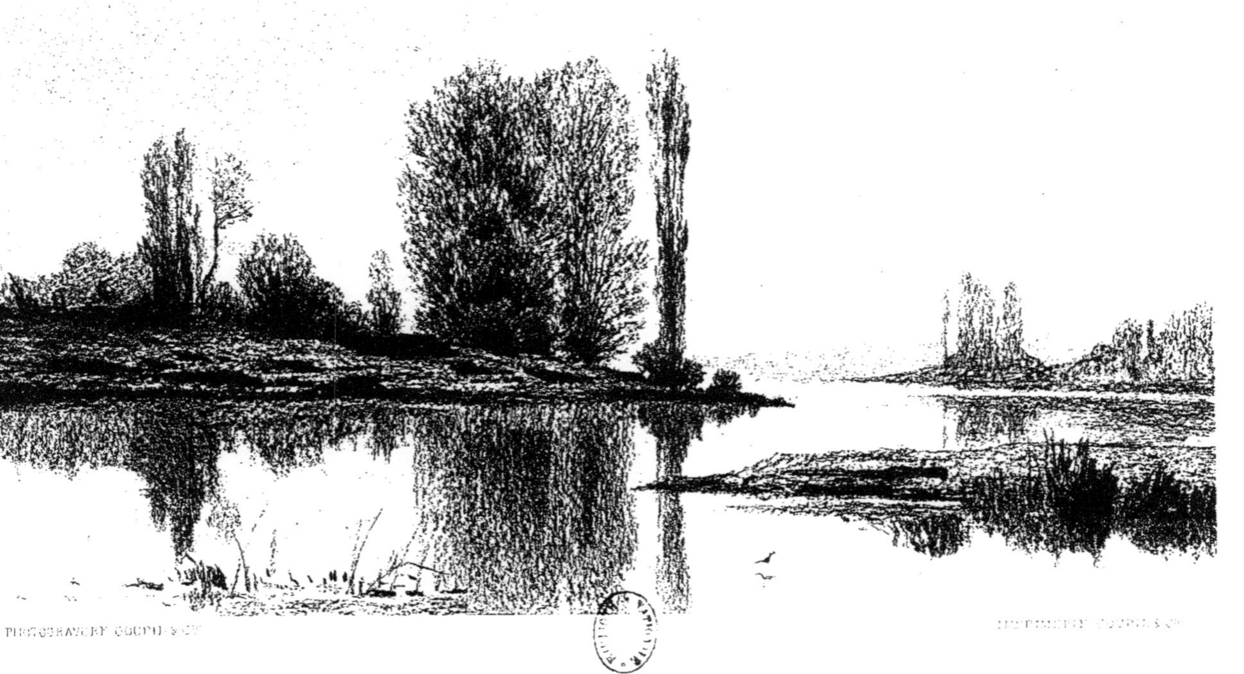

PHOTOGRAVURE GOUPIL & Cie

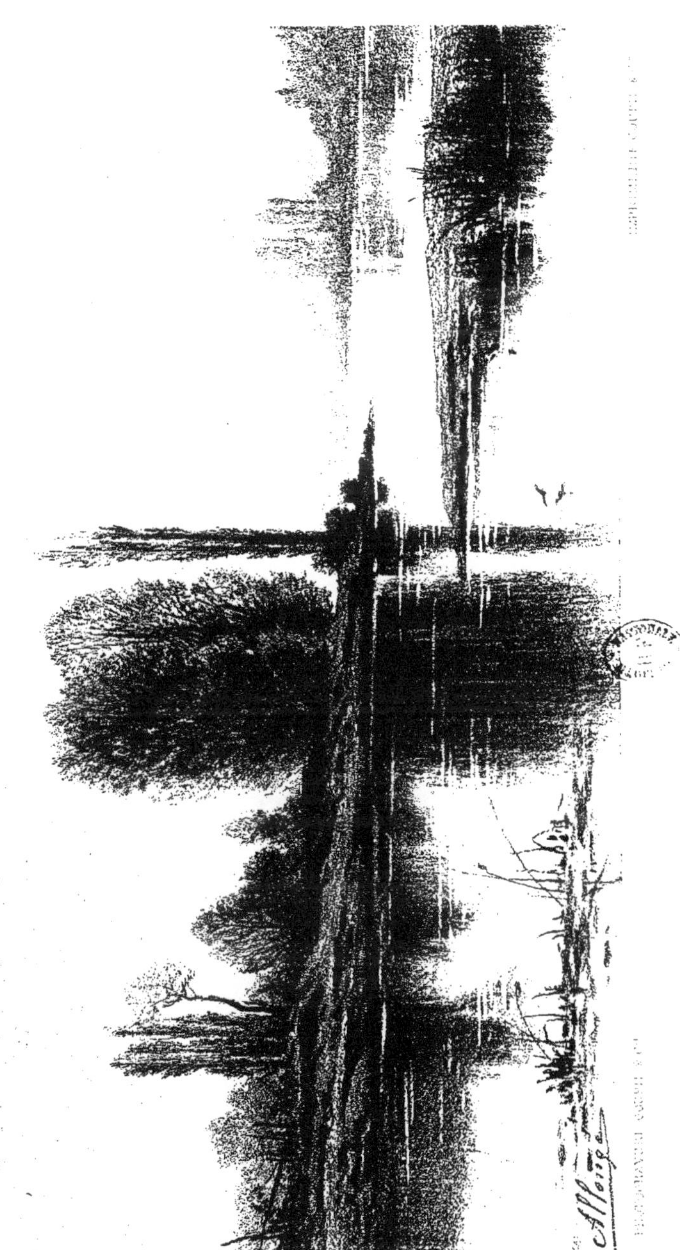

LEÇONS ÉCRITES

PREMIÈRE LEÇON.

SOUVENIR D'ANVERS.

Maintenant, lecteur, que vous êtes bien au courant de tous les accessoires que vous avez à employer, nous allons faire notre possible pour vous en indiquer l'usage, en pratiquant ensemble si vous le voulez bien. Le premier dessin que nous vous soumettons, *Souvenir d'Anvers* (pl. 152), est simple d'exécution ; aussi l'avons-nous choisi comme première leçon [1].

1. On peut se procurer, à Paris, chez M. G. Meusnier, rue Neuve-Saint-Augustin, 27, la planche (*Souvenir d'Anvers*), de grandeur d'exécution, c'est-à-dire 0^{m},40 sur 0^{m},30 centimètres.

D'abord, il vous faut prendre les mesures extérieures de votre dessin, à l'aide de quatre lignes extrêmement légères, car elles ne doivent pas subsister; puis, lorsque vous avez ainsi la grandeur, passez à l'aide du fusain taillé ou usé à plat et un peu large un ton général de gauche à droite, en commençant par en haut et cela de la façon la plus régulière possible, comme ton de fusain, et de manière qu'il ne reste pas d'espaces blancs entre vos touches, dans quelque sens que ce soit. Le papier, une fois couvert, à l'aide des quatre doigts réunis, ou mieux ici (parce que ce ton de ciel est très-clair) à l'aide du chiffon, écrasez votre fusain, en tournant de droite à gauche et en commençant par en bas, pour que le chiffon, enlevant plus de fusain en bas, vous laisse en haut un ton plus vigoureux, ce qui fera fuir votre ciel et lui donnera la perspective voulue. Vous avez ainsi votre ton de fond, ciel et eaux. Avec la mie de pain vous effacez tout ce qui dépasse les

et aussi une collection de modèles et d'études progressives, soit par location, soit par abonnement.

limites de votre dessin, limites qui déjà ont dû disparaître sous le travail du chiffon, et vous refaites ainsi les mesures de votre dessin, cette fois sans *tracé*, car la nature n'a point de trait ni de contours, et le fusain ne permet de procéder pour rendre la forme que par masses, ombre et lumière. Sur le ton de fond que vous avez, vous faites votre esquisse, c'est-à-dire que vous marquez vos masses légèrement pour obtenir une mise en place que vous rectifierez jusqu'à ce qu'elle soit bien exacte. Pour vos premiers essais, prenez même des mesures si cela est nécessaire, mais quand vous serez un peu plus exercé, votre œil devra vous guider, et pour obtenir la mise en place, vous procéderez par la comparaison des grandeurs entre elles. Ainsi, pour le dessin qui nous occupe, vous voyez que le terrain de gauche à droite est à un tiers environ de la hauteur totale à partir du bas du dessin et qu'il se rapproche insensiblement vers la gauche ; vous l'indiquez en le massant avec un ton plat et vigoureux. Vous massez ensuite votre ton de fond beaucoup plus clair et l'écrasez à l'estompe. Le premier plan est un terrain qui se trouve environ au milieu du ton de fond et de la limite du dessin; vous le massez de même manière que le terrain du second plan, mais moins vigoureux à la partie supérieure et en promenant légèrement votre fusain de manière à obtenir ce grain particulier que vous observez dans le modèle. Puis, vous voyez que le milieu de votre dessin est occupé par la masse des saules qui se trouve dans l'ombre et la plus vigoureuse; vous indiquez cette masse dont vous avez un point, en observant que la largeur est environ les deux tiers de la hauteur, et vous placez le petit peuplier de droite à la distance voulue.

De ce peuplier à l'extrémité droite du dessin, vous prenez encore le milieu, où vous placez la masse de peupliers du fond, et ainsi de suite pour tous les autres détails qui se trouvent à droite et à gauche de la masse du milieu. Enfin vous indiquez les réflexions dans l'eau, et ici nous vous ferons remarquer que le ton général de l'eau est, ainsi que cela se présente dans la nature, un peu plus vigoureux que le ton du ciel : pour l'obtenir, passez au fusain un ton léger que vous étendez avec le doigt. Les réflexions devront être esquissées bien perpendiculaires et d'un ton général vigoureux.

Voilà l'esquisse et la mise en place de votre dessin ; surtout les premières fois, cherchez à être exact, autrement vous en arriveriez à vous contenter d'à peu près, ce qui est une pente fatale. Il es. bon, néanmoins, lorsqu'on commence, de masser un peu en dessous du modèle, c'est-à-dire un peu plus petit, mais cela très-modérément et à quelques millièmes près, pour qu'ensuite on se retrouve, en exécutant le détail, dans les mesures exactes du modèle; autrement, si l'on ne réussit pas du premier coup, on gagne malgré soi et l'on est porté à faire plus fort que le modèle. Le dessin manque alors d'élégance.

Pour le détail de l'exécution, nous procéderons dans le même ordre que pour l'esquisse. Le ciel est si simple que nous n'insisterons pas : il suffit de détacher les blancs formant nuages à la mie de pain. Une touche légère à l'estompe indiquera le petit nuage qui se trouve au sommet à droite. Attaquons de suite le terrain en second plan, qui supporte le principal motif du dessin, et pour cela commençons par faire la ligne de démarcation entre le terrain et l'eau, c'est-à-dire à établir les vigueurs qui arrêtent le terrain au bord de l'eau. Puis, si le ton général est juste, nous indiquerons au fusain chaque détail vigoureux aussi exactement que possible, et à l'aide de la mie de pain un peu salie déjà, on éclairera les parties lumineuses de la demi-teinte. Remarquez que nous disons que la mie de pain doit être un peu salie : cela est important, autrement on aurait la même lumière que dans le ciel ou les brillants de l'eau. Le terrain ainsi fait, vous procédez pour chaque détail qu'il supporte, en dessinant avec le fusain taillé et en éclairant au tortillon ou à l'estompe, en ayant soin, d'une part, que les détails vigoureux, barrière, branches, etc., soient bien nettement et franchement posés, et le fond plus clair que les parties éclairées du second plan. Pour la masse de saules qui se trouve au milieu, la facture en est simple. Elle est faite de deux tons vigoureux éclairés au tortillon de chaque côté : au milieu, vous détachez quelques détails du feuillé avec le grattoir.

Ici, nous ferons remarquer que, pour l'emploi

du grattoir, il est commode de le tenir d'une façon particulière. Il faut pour cela qu'il soit sous la main, c'est-à-dire le manche du grattoir sous la main de telle sorte qu'on n'aperçoive que la lame et la patte qui termine le manche. Du reste, c'est en tenant le grattoir de cette façon qu'on s'en sert dans les bureaux pour effacer une tache un peu large.

Enfin, pour en revenir à notre dessin, on obtiendra, en les enlevant à la mie de pain, les lumières franches qui séparent les branches d'arbre de la masse de droite.

Cela fait, on dessinera le peuplier du milieu bien d'aplomb, en écrasant le fusain avec un tortillon fin et serré. Les peupliers de fond à droite doivent être modelés à l'estompe, ou bien encore on peut en indiquer la masse générale bien écrasée, et en découper la forme ou silhouette à la mie de pain.

Enfin, on exécutera le terrain du premier plan de la même manière que celui de gauche, en ayant soin qu'il se détache bien des eaux qu'il divise, et cela surtout sans *trait*, mais seulement par les oppositions de clair et de vigueur.

Le dessin se terminera par l'exécution des eaux. Permettez-moi, lecteur, de vous répéter ici ce que j'ai dit plus haut : soignez bien les eaux, c'est presque toujours ce qui fait le charme du fusain. Un fusain sans eau est comme « un livre sans préface ou un homme qui serait sorti sans chapeau »; consultez cent amateurs, quatre-vingt-dix-neuf vous diront qu'il y manque quelque chose. Aussi ne saurait-on trop s'appliquer à traiter cet élément de succès avec le plus grand soin. Bien des moyens sont employés pour rendre la transparence et la réflexion de l'eau : l'estompe de papier, l'estompe de peau, le bouchon de liége, l'ouate, etc., etc. Rien à notre avis ne vaut la moelle de sureau taillée à plat. Dans notre dessin, on écrasera le fusain à la moelle de sureau, bien régulièrement, en ayant soin que les touches se fondent bien comme si elles étaient toutes posées d'un seul coup. Vous donnez ensuite les vigueurs qui reflètent les masses qui se trouvent dans l'ombre, et, en caressant le fusain avec le tranchant du grattoir, vous avez les demi-teintes. Enfin vous aurez les touches brillantes du soleil qui vient frapper la surface de l'eau avec le tranchant d'une boulette de mie de pain soigneusement aplatie. Le dessin terminé, fixez-le comme nous l'avons indiqué plus haut.

DEUXIÈME LEÇON

LE RUISSEAU (SOUVENIR DE NORMANDIE).

On a pu remarquer dans l'esquisse de la première planche (*Souvenirs d'Anvers*) que les fonds sont écrasés au tortillon ou à l'estompe de papier, du premier coup; ainsi devra-t-on procéder pour *Le Ruisseau*. Après avoir passé un ton général pour le ciel à l'aide du chiffon couvert de sauce de fusain, on devra modeler les peupliers de fond avec le tortillon, après les avoir massés au fusain très-légèrement, puis on commencera la mise en place par la gauche, en ayant soin de ménager les finesses du contour très-délicat de ce dessin. Le terrain, esquissé comme nous l'avons vu plus haut, sera ensuite écrasé à l'estompe, et repris à la mie de pain dans le chemin qui conduit à la barrière. Enfin le terrain qui ferme le talus de droite n'est écrasé que par place et modelé au fusain même. Les eaux doivent être traitées comme précédemment. On le voit, nous ne pouvons donner que peu de détails sur la manière d'exécuter ce second dessin, ce qui tient à ce qu'un dessin contient tous les procédés appliqués au fusain. Aussi ne se trouve-t-il rien ici que nous n'ayons indiqué plus haut. Il suffira donc, pour apprendre sérieusement, de copier quelques bons modèles et de se rendre bien compte de la manière dont l'artiste s'est servi des *moyens*. Ainsi la demi-teinte obtenue par le grattoir est facile à reconnaître : ligne d'eau ou roseau, sa forme est toujours nette et bien arrêtée; la mie de pain au contraire donne une forme plus large et plus brillante; enfin dans les demi-teintes obtenues avec le tortillon vous pourrez obtenir de la lumière avec l'estompe de peau, si vous la voulez moins franche qu'à la mie de pain.

Ce que nous venons de dire donne un démenti à ce préjugé qu'ont bien des artistes contre le dessin au fusain qui, suivant eux, ne serait qu'un tissu de *ficelles*. Il n'y a que quelques moyens, que nous ne cherchons pas à cacher, bien au contraire; mais encore faut-il étudier sérieusement leur mode d'emploi si l'on veut arriver à rendre des valeurs justes, ce qui est la base de la peinture et surtout du paysage.

LEÇON GÉNÉRALE

OU MANIÈRE DE TRAITER TOUS LES SUJETS.

Il n'est pas de paysage, quelque complet qu'il soit, qui embrasse à lui seul tout ce que la nature peut présenter. Aussi la leçon précédente et le modèle choisi ont-ils pour but d'indiquer seulement le mode d'emploi des différents procédés. Autrement, s'il nous fallait expliquer la manière de rendre tous les sites, dix volumes et cent planches n'y suffiraient pas. Nous tâcherons néanmoins, dans ce chapitre, de guider l'amateur et de lui donner le plus de renseignements possible, afin que, selon les pays qu'il parcourt, il ne soit point embarrassé pour remplir son album de souvenirs.

Le Ciel.

Si vous avez à rendre un ciel bleu et clair, comme en été, traitez-le simplement et avec l'aide du chiffon, ainsi que nous l'indiquons plus haut; et s'il est bleu intense, comme en hiver, par une belle gelée, au pouce ou avec la paume de la main, ce qui lui laisse la vigueur qu'il doit avoir. Et à ce propos nous trouvons un passage fort intéressant dans la brochure de M. Armand Charnay, que nous croyons devoir mentionner ici : « Si l'on avait un ciel bleu uni ou blanc lumineux, il faudrait bien se garder de couvrir son papier d'une teinte uniforme. Les orientalistes qui nous ont rapporté des paysages ressemblant à des ombres chinoises plaquées sur des fonds d'un bleu uni sont tombés dans une profonde erreur, en s'imaginant rendre ainsi la profondeur et l'intensité des ciels du midi. Decamps et Delacroix ont toujours évité ce défaut; ils étaient trop observateurs pour y tomber. Le ciel le plus pur n'est jamais uniforme; si on le regarde fixement, on distingue des myriades de taches d'un bleu plus ou moins foncé, qui ont l'air de se mouvoir. C'est cette résonnance, cette vibration de la lumière que l'on doit chercher à rendre; sans cela pas d'air, pas d'espace, pas de profondeur dans un tableau. Un léger frottis au coton, sur lequel on revient en le criblant de points lumineux avec la mie de pain, rend assez bien l'effet dont nous venons de parler; mais il s'en faut que l'on réussisse toujours; aussi choisit-on le plus souvent des ciels nuageux qui exigent beaucoup moins de peine et de travail. »

Pour rendre un effet d'orage, un ciel nuageux, modelez vos nuages à l'estompe ou à la peau, toujours dans le sens de leur mouvement; éclairez-les à la mie de pain si vous voulez obtenir de ces brillants effets de soleil qui parfois viennent dorer le ciel avant ou après un orage. Mais surtout que votre ton de fond ou azur soit toujours *bien* uni et que vos nuages s'en détachent *bien*, c'est là ce qui donnera la profondeur à votre ciel et le mouvementera.

Les Eaux.

L'eau se présente sous bien des aspects. Dormante, comme en un lac, une mare, etc., elle reflète toujours les objets qui la bordent ou qui en sont proches. Mais l'eau courante des rivières ne reflète pas toujours ces objets, ou bien elle en présente l'image de mille façons différentes. Au lever du soleil la réflexion est pour ainsi dire mate et sans brillant. A midi, presque point de réflexion; l'eau est très-brillante, souvent même elle l'emporte en lumière sur le ciel. C'est le soir, de quatre heures au coucher du soleil, que l'eau se présente de la façon la plus charmante pour le dessinateur. Ces réflexions sont nettes et calmes et reproduisent comme un miroir les objets dans leur valeur et leur variété de tons. Aussi dans ce cas faut-il user de toutes les ressources du dessin au fusain, moelle de sureau, estompe de peau, grattoir, il faut tout employer si l'on veut arriver à rendre la variété de la nature, et profiter de cet élément de succès qui n'est pas, nous le répétons, le moindre dans le fusain.

Les Terrains.

Ce n'est pas, à proprement parler, le terrain lui-même qui offre des difficultés sérieuses d'exécution, mais ce que supporte ce terrain, arbustes, plantes, rochers, etc. Il est surtout difficile d'arriver à faire *porter* ces détails sur le terrain, de manière qu'ils fassent corps avec lui, et qu'on sente bien que l'un produit l'autre. Pour arriver à ce but, il faut d'abord établir solidement le ton de fond de son terrain, et par conséquent éviter de laisser paraître nulle part le blanc du papier, ce qui ne doit arriver que si l'on veut obtenir un coup de soleil franc sur un terrain pierreux; car quelque éclairés que soient les détails, herbes ou autres, il y a loin de cette lumière à l'éclat du soleil sur une maison blanche. Aussi doit-on être très-sobre de cette note brillante qui, lorsqu'elle est voulue, donne néanmoins un excellent résultat, même lorsqu'elle exagère l'effet.

Les Arbres.

Une des choses qui préoccupent surtout l'amateur, c'est l'exécution du feuillé. Et cependant il est difficile d'établir des règles absolues à ce sujet; car à une certaine distance, qui est presque toujours celle où l'on se place pour avoir un ensemble, le détail du feuillé disparaît complétement, la masse seule est visible. Savoir éclairer les masses ou les maintenir dans l'ombre, là doit aboutir l'étude; et pour cela le travail d'après nature est réellement le seul moyen d'y parvenir. C'est surtout dans l'étude du feuillé que presque toutes les méthodes d'enseignement connues jusqu'à ce jour sont défectueuses. Car, je le répète, à moins d'avoir son arbre tout à fait en premier plan, on ne doit pas s'occuper du feuillé, et même dans ce cas, on ne doit le faire sentir que par la touche, et non par le dessin exécuté feuille à feuille. Mais si au second plan vous voulez indiquer le feuillé dans une masse éclairée ou dans la demi-teinte, alors le grattoir peut vous rendre de grands services en l'employant simplement dans le sens de la feuille, ce qui lui donnera la forme, et en appuyant plus ou moins fortement, ce qui vous permettra une variété de lumière que vous pourrez ensuite rendre tout à fait brillante à la mie de pain.

On se sert aussi du pinceau, soit humide, soit à sec; mais il ne doit être employé qu'avec une extrême réserve. Ce procédé, s'il n'est mis en pratique avec la plus grande habileté, donne un pointillé monotone qui n'est plus en harmonie avec le reste du dessin.

Les Fabriques

N'offrent, à vrai dire, aucune difficulté sérieuse. On en obtient facilement la perspective par la relation des objets qui les entourent : il n'est donc point nécessaire d'avoir fait, ainsi qu'on le dit souvent, des études spéciales de perspective. Il faut en général traiter les fabriques largement, et pour cela cligner légèrement des yeux pour ne voir que les détails saillants.

Les Montagnes.

Les sites escarpés et pittoresques de la Suisse et des Pyrénées, si fréquentés par les touristes, prêtent admirablement au dessin au fusain, à cause de la rapidité qu'il offre pour saisir l'effet, toujours si fugitif dans les montagnes. Il faut bien se défier des lignes dures dans l'exécution de ces sortes de sujets, surtout dans les fonds, où les silhouettes se croisent à divers plans. D'ailleurs, les montagnes doivent se traiter avec la même vigueur et la même solidité que les terrains.

Les Rochers et la Mer; les Sables.

Qui de vous, lecteur, n'a vu ces beaux dessins des bords de la mer par M. Allongé, souvenirs de Bretagne, avec leurs dolmens et leurs men-hirs, au milieu de cette nature sévère et presque sauvage? Et ces plages de Normandie, où le maître excelle à rendre la marée basse alors que la mer se retire à perte de vue?

On peut arriver assez facilement à rendre les bords de la mer, mais il faut une sérieuse étude pour rendre l'air et l'immensité, et surtout pour varier ses dessins d'après nature. Je n'ai pas besoin de répéter ici que les roches et les falaises doivent être solides et vigoureuses, mais il faut que le travail soit bien distinct pour le ciel, la mer et le sable. La mer doit généralement être rendue à l'estompe de papier et d'un ton assez vigoureux, l'écume des vagues à la mie de pain. Le sable se traite au pouce, ou bien encore, si l'on veut obtenir ce grain du sable mouillé et éclairé par le soleil, c'est ici qu'on doit employer ce procédé indiqué par divers artistes, qui est de promener légèrement son fusain sur le papier dont le grain accroche les parties friables du fusain, et laisse voir ainsi le blanc du papier dans les interstices de ce grain.

Enfin, lecteur, permettez-moi de terminer ce chapitre en vous recommandant encore la variété dans le travail : c'est là un point capital et, faute d'en tenir compte, beaucoup d'amateurs, d'artistes même, tombent dans la monotonie et l'uniformité, défauts qu'aucune qualité ne saurait compenser, surtout dans les productions artistiques.

Pl. IV.

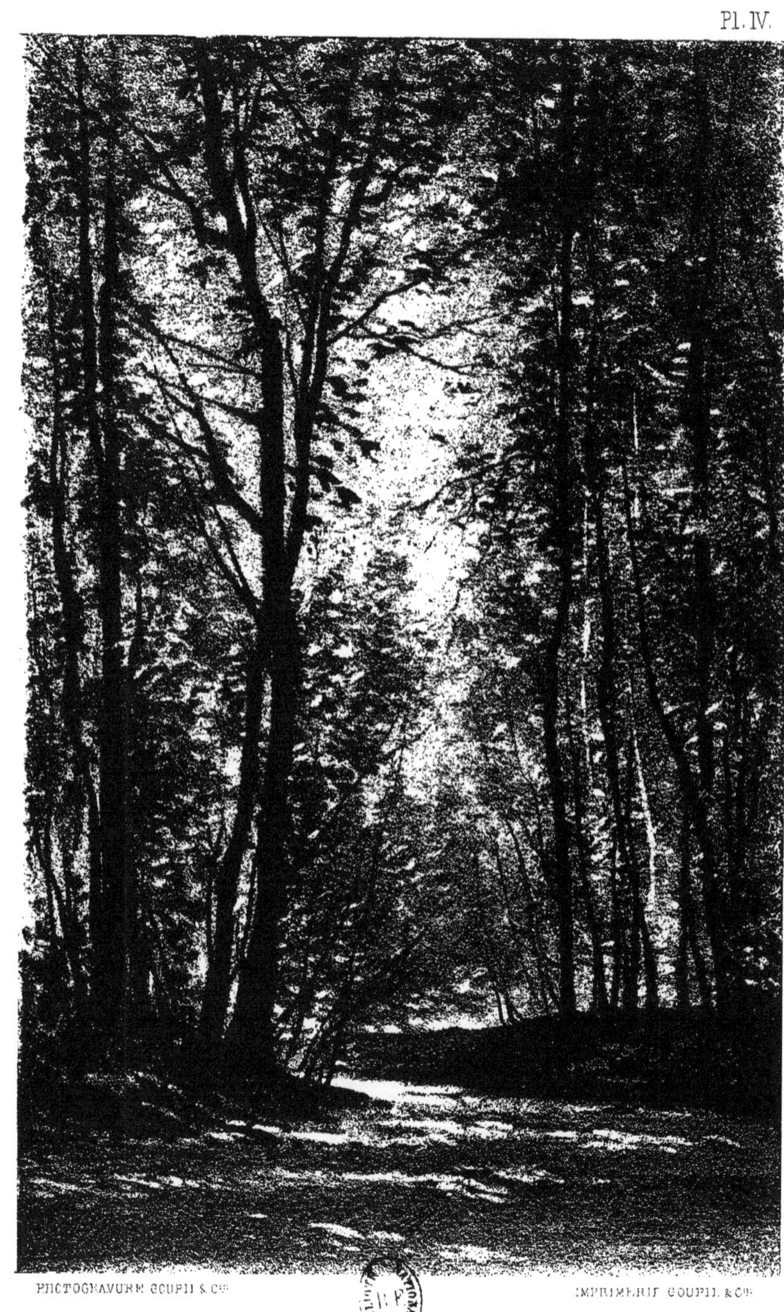

PHOTOGRAVURE GOUPIL & Cie   IMPRIMERIE GOUPIL & Cie

LES CROQUIS AU FUSAIN

Le croquis au fusain ne doit rendre que l'effet. Il ne s'emploie donc que lorsqu'on veut rendre un effet passager, ou que le temps presse et ne permet point d'exécuter un dessin soigné d'après nature. Et l'on peut voir la planche *Coup de soleil sous bois*. Combien le fusain, même rapidement exécuté, peut rendre l'impression de la nature! Nous n'entreprendrons pas de démontrer comment se font ces sortes de croquis : c'est là surtout que la facture est visible. Dans notre modèle, le fond est un frottis écrasé au pouce, les terrains écrasés à l'estompe, puis une fois les arbres dessinés et les masses mises en place, l'artiste a obtenu son effet de soleil à la mie de pain.

Nous croyons qu'il sera réellement utile, après

avoir fait de sérieuses études d'après nature, de faire un certain nombre de ces croquis rapidement enlevés, qui permettent de garder un grand nombre d'impressions et de souvenirs d'après nature.

DES RETOUCHES

APRÈS LA FIXATION DU DESSIN.

Le dessin au fusain est à ce point minutieux, qu'il arrive souvent qu'après avoir fixé son œuvre, on la trouve incomplète par suite du manque de vigueur dans les premiers plans, ou trop sèche pour l'avoir tenue dans une gamme de ton beaucoup trop noire.

Ce dernier cas arrive plus fréquemment que le premier, attendu que le fixatif fonce le dessin d'une manière assez sensible, et pour peu que le ton général soit déjà vigoureux, il se confond en noir après la fixation. Pour obvier à cet inconvénient, qui d'ailleurs ne se présentera plus après quelque temps d'études et de pratique, on se sert avantageusement du crayon de gomme, surtout pour atténuer les fonds.

Si, au contraire, le dessin pèche par le manque de solidité ou de vigueur, on peut reprendre certaines touches avec un fusain bien noir, tel que la branche naturelle ou buisson bien cuit, ou encore le crayon noir dit crayon Conté.

Ces retouches vigoureuses ainsi faites, on devra les fixer à l'aide du vaporisateur ou fixer à nouveau tout le dessin : autrement, et si l'on fixait seulement par place par le moyen ordinaire, le fixatif passé une seconde fois formerait un cerné sur le premier et ferait tache.

On peut aussi rehausser le dessin au fusain à l'aide de la gouache, du crayon blanc ou de quelques touches à l'huile, pour obtenir des lumières très-brillantes; mais on ne doit le faire qu'avec une grande mesure, et si l'on emploie la peinture à l'huile, mêler un peu de cadmium ou d'ocre jaune au blanc d'argent, ce qui permet d'avoir en même temps un ton chaud et très-lumineux. Enfin, si l'on a eu l'imprudence de faire un dessin sans avoir préparé son ton de ciel, on peut encore l'obtenir après la fixation à l'aide du tampon de linge trempé dans la sauce de fusain, que l'on promène légèrement sur son dessin : cela ne donnera pas une grande finesse, mais enlèvera la crudité d'un dessin , surtout s'il est exécuté sur papier blanc.

L'ÉTUDE D'APRÈS NATURE

CONCLUSION.

C'est maintenant, lecteur, qu'il faut être vous-même et tâcher de vous faire une originalité. Pour cela, oubliez, devant la nature, ce que vous avez copié, ne cherchez pas à rendre comme tel ou tel, mais bien ce que vous voyez. Les moyens seuls doivent vous rester, pour qu'une fois votre motif choisi, l'exécution ne vous embarrasse pas.

Les premières fois que vous travaillez d'après nature, choisissez de préférence un sujet sobre, un coin de bois, de rivière, de ferme, etc. Fuyez l'espace, l'étendue, en un mot les paysages composés. Cela viendra plus tard, mais gardez-vous d'aller trop vite. Je sais bien que la grande préoccupation.

lorsqu'on se rend à la campagne, est de rapporter de petits paysages bien complets, qu'on fera encadrer de son mieux. Mais, je le répète, un peu de patience, et au lieu d'avoir une galerie de vos œuvres, vous n'aurez que quelques dessins, il est vrai, mais qui trouveront aisément leurs amateurs.

Les premières études devront être des études d'arbres; l'arbre, a-t-on dit, c'est l'académie du paysage : rien n'est plus vrai, et tel qui sait bien faire un arbre, c'est-à-dire le bien construire et l'éclairer dans ses masses, n'éprouvera aucune difficulté quand il abordera le paysage d'ensemble.

Les eaux, les ciels, les fabriques, présentent bien aussi leurs difficultés, cela est incontestable; mais l'arbre est et sera toujours la difficulté sérieuse du paysage, parce que c'est l'étude qui rentre le moins dans l'habileté de la main et des procédés. Quelques fabriques faites avec soin, vous les possédez toutes; quelques bords de l'eau soigneusement étudiés, vos eaux seront toujours transparentes, et vos ciels ne laisseront rien à désirer si vous commencez par les faire simples.

Mais chaque arbre porte avec lui son cachet d'originalité : le chêne a mille façons d'être large et puissant, le peuplier souple et élégant, le saule, l'orme, le tremble, le platane, changent mille fois de forme et d'aspect d'une saison à l'autre. Aussi faut-il les étudier avec le plus grand soin, les rechercher même lorsqu'ils affectent certaines formes bizarres, si l'on veut arriver à bien les posséder, et ne jamais oublier qu'on doit toujours construire son arbre, quelque légèrement que ce soit, avant d'en indiquer les masses et de le mettre à l'effet. En vous reportant à la leçon précédente, vous vous rappellerez que chaque objet doit être rendu différemment, ainsi qu'il arrive dans la nature. Les arbres eux-mêmes doivent être traités suivant leur espèce. Rendez le saule par des frottis légers; le chêne avec des masses vigoureuses, brutales même; le peuplier avec énergie dans la touche, car c'est un arbre d'une tonalité vigoureuse, mais donnez à cette touche l'élégance et la souplesse qui caractérisent le peuplier.

Je ne reviendrai pas ici sur chaque détail. Appliquez-vous surtout à faire votre dessin de telle sorte que tout marche ensemble, et après quelques mois d'études d'après nature, vous arriverez, ainsi que je vous l'ai promis en tête de ce livre, au meilleur résultat, au-dessus même de ce que vous auriez pu espérer en commençant.

Voilà, cher lecteur, le résumé des conseils que j'ai reçus et que je vous transmets. Puissent-ils faire de vous ce qu'ils ont fait de moi, un amateur, ami et admirateur du fusain et des *Fusinistes*.

FIN.

TABLE

ORIGINE DU FUSAIN.

MATÉRIEL DE L'ATELIER.

ÉTUDES ET LEÇONS.

Paris. - J. Claye, imprimeur, 7, rue Saint-Benoît — [2031]

PARIS. — J. CLAYE, IMPRIMEUR, 7, RUE SAINT-BENOIT. — [2031]

www.ingramcontent.com/pod-product-compliance
Ingram Content Group UK Ltd.
Pitfield, Milton Keynes, MK11 3LW, UK
UKHW021103260726
13994UKWH00002B/684

9 782329 376950